De buigzaamheid van steen

Hester Knibbe
De buigzaamheid van steen
Gedichten

Uitgeverij De Arbeiderspers · Amsterdam · Antwerpen

Deze bundel kwam mede tot stand dankzij een werkbeurs van het Nederlands en het Vlaams Fonds voor de Letteren.

Copyright © 2005 Hester Knibbe

Niets uit deze uitgave mag worden verveelvoudigd en/of openbaar gemaakt, door middel van druk, fotokopie, microfilm of op welke andere wijze ook, zonder voorafgaande schriftelijke toestemming van BV Uitgeverij De Arbeiderspers, Herengracht 370-372, 1016 CH Amsterdam. *No part of this book may be reproduced in any form, by print, photoprint, microfilm or any other means, without written permission from BV Uitgeverij De Arbeiderspers, Herengracht 370-372, 1016 CH Amsterdam.*

Omslagontwerp: Steven van der Gaauw
Omslagillustratie: Zuilen in de westelijke galerij van de kloostergang, abdij Santo Domingo de Silos

ISBN 90 295 6269 2 / NUR 306
www.arbeiderspers.nl

Inhoud

De buigzaamheid van steen 9

HIER OM TE BEGINNEN

Hier om te beginnen, om 13
Kijk, het kind probeert greep 14
Het kind heeft een plaats, woont 15
Je jas heeft de kleur 16
Kon je gaan waar je wou en steeds 17
Er slingert veel toen in een dag – het begint 18
Zwart is de deur van het huis 19
De eik die je hoedt, 20
Zoek je een smoes om niet verder 21
Ze hebben de wegen verlegd 22

STEEN DUS

De archeoloog 25
Heiligdom [1-3] 26
De man met het rechterbeen voorwaarts 29
Runensteen van Jellinge, kopie 30
Jongenskopje in museum 31
Lichtjaren 32

THETIS' HIEL

Tekenzolder De Waag, Haarlem 35
Theehuis Cruquius 36
Thetis' hiel 37

Lichaam & co. 38
Verjaardag 39
Vertrekken [1-3] 40
Ansicht 43
Slaap 44

TEGEN HET VERDWIJNEN

Vandaag mosselen 47
Hongerpotten 48
Dame met hoed 49
Matroesjka in de Arbat 50
Kringloper [1-2] 51
Tegen het verdwijnen 53
Zijnstra BV 54

DE KUNST VAN HET DRAGEN

Ik zit in de kilte van steen 57
De kunst van het dragen 58
Ze droeg het kind 59
Ze trokken in rijen de straten door. Het lijf 60
Hij gooide het kind in de lucht 61
Alle Maria's stonden bijeen, ook 62
Ze sloeg een arm 63
We vroegen hoe laat komt de dood 64
Ze liepen met kaarsen de berg op 65
Hoe draag je een kind naar zijn laatste. Acht 66

Aantekeningen 69

The end is where we start from.

T. S. Eliot

De buigzaamheid van steen

Neem een zuil die bestaat
uit drie ranke pilaren: een driehoek
waarvan de hoeken verdwenen. Neem

er veel en zet ze in een kwadraat zo
dat in het midden een hof ontstaat waar
dag en nacht kunnen leven. In de zwartste

nacht van de eeuw wankelt
de hof omdat één zuil verstard
gaat bewegen, verlegen een been
achter een ander slaat, welk achter
welk is niet te zeggen – of nee

één buigt zijn slanke gestalte in een
uiterste smeekdans om twee waardoor
drie zijn voet een slordige fractie

dient te verzetten. Alleen hun hoofden
vormen nog samen een vaste
gedachte gebeiteld in één kapiteel.

Hier om te beginnen

*

Hier om te beginnen, om
losse bestanden te schikken,
oorlog te voeren met de gigant
die in voorwerk voor epitafen doet.

Laten we vandaag vieren dat we
niets hebben te vieren en we nodigen
niemand uit, steggelen feestelijk over

de aanschaf van een firmament, wat
we zullen kiezen voor morgen, welke ster
waar moet komen te hangen. Laten we

vieren dat het een dag is
als altijd en doodgewone hemelconfetti
ons binnenhoudt, jij daar, ik aan deze
zijde van wijn en brood.

*

Kijk, het kind probeert greep
op handen en voeten te krijgen; er is
niet zomaar een wereld, er is een

onevenwichtige standvastigheid
met iets kleurrijks dat boven zijn
traliehuis slingert, een soort
in de lucht hangende vrijheid. Kijk,

er verschijnt een hoofd dat een wil
in zijn hoofd brengt en dan zijn er
twee armen die ja of nee
kunnen doen, optillen of wijken. Er is

een tijd en een tijd, daartussenin
zit het kind, krijst, hijst zich op
aan de spijlen, kan er niet uit.

*

Het kind heeft een plaats, woont
in een hart dus het is. Ook

als het niet roept, er het zwijgen toe doet
en voorgoed woont het kind

in het hart en het is. In het hoofd
spreekt een heldere taal, maar onthutst

wiegt er een andere spraak die trouw
zwijgend het huizende kind in het hart

sust. Ondertussen vindt het geheugen
glasscherp een beeld terug, een licht
dat hetzelfde licht op een andere dag

loswrikt en een stem die de stilte
verdeelt en muziek die al was die opnieuw
omfloerster nu klinkt.

*

Je jas heeft de kleur
van een wit, bijna aanraakbaar
is je gezicht, boven je hoofd hangt
sluik engelenhaar van de treurwilg.

Door je ogen valt nauwelijks
licht en je zit daar maar doodstil
te glimlachen in een gitzwarte

sneeuw. Achter je rug houdt
de vlakte niet, is een wak in het licht
van zomaar een dag waarin gekrast: dit

wordt nooit door een dooi voltooid die er
opnieuw beweging in brengt, zorgt
dat het zwart krimpt en jij daar je uit-
rekt, opstaat, je huis binnengaat.

*

Kon je gaan waar je wou en steeds
nam je het pad naar de zee. Wat je er
zocht –
           het vertrouwde misschien

in de bomenrij, zo schots en scheef
dat het leeft, iets bekends tussen bloei
op de zandgrond waar kleinwild danst

en eet of je wou naar het tijdloos
geruis dat oor geeft, waar het licht een zee
van spiegels om zich heen heeft; je loopt
er vanzelf naar de valreep, raapt

soms zomaar een oud kletsnat
geluk op vlak naast de schaduw
die steeds aan je voet kleeft.

*

Er slingert veel toen in een dag – het begint
in de morgen met wakker en denken, met
stof op een foto die ligt dat je

niet. In de middag een ritme dat
teruggrijpt en hapert, de oogst van
seizoenen geschikt in je vazen, dezelfde
seizoenen als toen en toch

niet. Soms is er een luchtig even
vergeten en daarna crescendo: het licht
van de dag van vandaag lijkt getemperd, dat
naast je hoofd op de foto is helder en straks

wordt het donker, schampt zingen de kamer;
er hangt een duister geweld in de lucht
dat aanzwelt zich opdringt.

*

Zwart is de deur van het huis
maar de kamer is wit. Je handen
zijn grijs, de ring aan je vinger

is wit, om je hoofd waait
je haar als een licht en het is
of je lachend beweert: het is

maar een grap dat
dit gezicht herkenbaar
van mij zo grijs is; zwart
noch wit, val ik volledig buiten

de toon die daartussenin
zit; de kleur van lichaam heb ik
op die roetstenen stoep voor de open
deur van het huis waar ik woon.

*

De eik die je hoedt,
zich met je gevoed heeft,
is heilig bij dezen. Wie hem

kapt heeft bloed aan zijn handen
en wordt voor de rechter gesleept
die de hoogste zaken behandelt
en oordeelt: u moet voortaan

de vogels opvangen, bladhanger
worden, ruisen, met de winden mee
kreunen en buigen, wortelschieten
in donkerland, en denk maar niet

aan die straf te ontkomen, denk
maar niet dat u weg kunt
vliegen met een vlieg in uw hand.

*

Zoek je een smoes om niet verder
te gaan, niet de kamer te witten, de gaten
in het geheugen te dichten, vind je

de kwast naast het wijwatervat, lege
brevieren en encyclopedieën die enkel
verwijzen naar gisteren en het toetsenbord

wordt een leesplank met woorden als
was, huil, klop plus genoeg voor een lichte
taalconfiture waarmee je losse
berichten kunt sturen zoals: je bent

als je achter mijn ogen komt huizen
je hoeft niet te huilen, kom maar
zonder roepen of kloppen, we gaan
de toekomende tijden verstoppen.

*

Ze hebben de wegen verlegd
sindsdien, een groene wereld schaakmat,
behuizing gezet, kom we gaan

naar de levenden toe, naar
de periferie van het grote belang,
van alles over bijzaken weten en
de wisselingen ervan. Kom

we gaan, er is nog te doen, er wacht
langs de zijlijn een wereld op ons
en er is vast wel weer ergens een hier
om te beginnen geboren. Klik

je bestanden maar aan, kijk hoe
de stukken erbij staan, we moeten nog
een aanslag beletten, koning en dame ontzetten.

Steen dus

De archeoloog

Wie niet spreekt, laat het verhaal in zich
verstenen, struikelt erover ten slotte, bezeert zich. Toen,

zegt de man die van vroeger zou weten, toen is
een woord dat je nu moet leren. Toen

leefde leeft had heeft
een naam een lichaam, handen die offerden aan

godbetert. Tast met je handen en voeten
terug langs die talloze schreden en hoor

de eeuwige bloedsuis, duisterrode

aanwezige. Dat met andere woorden
beweert de man die wijst op de rijkdoortekende

gang van de tempel, het altaar
bezwerend in het verdwijnpunt.

Heiligdom

[1]

We zochten het altaar
en vonden het niet. Ook
de handel in kaarsen lag plat.

Dan maar de handen gelegd op
de treden, de ronding van zuilen
de plooien van eeuwen. Met vloeibare

nagels holt regen de steen uit, dat
kwamen we overal tegen, ook
schopten we tegen het stof – dat we

dat worden – en raapten
resten heiligdom op. Als je die
meesleept, dan weegt het.

[2]

Staat naast mij de liefste
naar woorden te horen die reiken naar

achter de grens. Boven ons hoofd
hangt de eeuwige schepping en
wat je gelooft dat ben je – zie

de mens. Onder moeder en kind
hangt een scherf van het licht, zang geselt
een stilte waarin alles al

is. Van het mij vreemde versta ik
alleen dat er een heilig buut vrij
wordt gespeeld, maar ik zie op de muren

begin en einde. Wijs ik de liefste:
één rondgang, dat zijn we.

[3]

Ook zij dachten in lichaam, waren
bezeten van leven dat uitdooft,
verstoft. *Bedenk je huis is van aarde*, dat

zeiden ze niet, maar ze zagen
natuurlijk ook hoe je de loop van de schaduw verandert
door te schuiven met zand door een naam

langs de randen te schrijven. Grensgevallen
waren ze zijn we, een hemd over niets
of een ander geloof. Zie ons hier

wapperen in de wind terwijl we
de trappen bestijgen van een godenpaleis
en wegkijken: niemand

die staat te bidden en smeken *Osiris*
gun mijn oogappel nog het licht in de ogen, Isis
leen hem het kijkzwart binnen uw iris. Een roepende

in de woestijn zou hij zijn.

De man met het rechterbeen voorwaarts

Met het verkeerde been de dood in
gestapt, staat gebeiteld voor gek. Liep

eerder al dwars uit de pas: schuins-
in plaats van linksmarcheerder. En als je hem

vroeg waar komt de zon op, wees hij
prompt naar het westen. Om te pesten
misschien of eenvoudigweg

dom. En dat scholden ze ook:
Idioot! Foute! Lulkop! Geen wonder

dat de goden bondig besloten: doe maar
eens over dat leven en begin bij het oosten.

Runensteen van Jellinge, kopie

Sta je daar sta je hier. En maar
spreken in tekens alsof een verleden
weer over de tong moet alsof nog iemand
sproken van wijlen koning & zoon wil

lezen. Sta je daar: steen, dus
te zwaar om weg te lopen en te traag
om met een gebaar te verbergen
wat in je gekerfd werd. Sta je

misplaatst runen
te slijten in storm, zon en regen, tijden
waar God noch ketter meer iets van wil
weten. Koningen ja, maar

wat moet je als kind van de rots
met de naam van een koning; men kijkt
even, ontcijfert hem hooguit een beetje of
legt een hand ertegen.

Jongenskopje in museum

Eerst was ik er en daarna
mijn beeld. Ik speelde gewoon
toen de meester mij kneedde.

Gehard in het vuur werd ik
houdbaar en stond op de schouw
van mijn eeuw als versteend. Toen

kwam er een tijd van vallen
en breken; ook ik lag aan scherven
te sterven, verdween. Totdat

in een andere tijd een geoefende hand
mij met passen en meten weer
bestaan wist te geven. Maar

geheeld ben ik nooit; onuitwisbaar
loopt door mijn oude gezicht steeds
die streep die je niet meer vergeet.

Lichtjaren

Het is een prachtige wereld, zei je,
met die bomen, moerassen, woestijnen,
grassen, rivieren en zeeën

enzo. Ook de maan mag er zijn
met haar meer of minder
glanzende schijn en bewegen. Neem

daarbij de gevleugelde M, wellustige
Venus, driftkikker Mars, geluksvogel
J en die zure Saturnus natuurlijk plus

U en N en ver-zwerver P, kortom die hele
zonnefamilie compleet met haar
melkweg en tel daarbij op al die andere

stelsels met stippen en vlekken en het is
in die oneindige leegte een drukte van
je weet wel. Het is een prachtig

heelal, zei je, kijk maar eens goed
door de pasklare bril van het duister
in een woestijn bijvoorbeeld of op je rug

in zeeën van gras, kijk maar eens goed
naar dat rorschachgeweld, daar staan we wel
ergens, samen.

Thetis' hiel

Tekenzolder De Waag, Haarlem

Hij is van de halve cirkel
het midden. Zet je de spies
van een passer precies in zijn
navel en draai je dan langzaam de wijdste
boog lijntrekkers, schetsers, zit zij
waar het potlood treiterig

hapert. Wat ze droomt krijgt ze niet
op papier; omtrek blijft hij, kijkt
weg van de kijkers, hand zwierig
achter het hoofd oogt hij
uitdagend, maar is dat wel zo, zij wil
wat zijn lichaam bezielt

bewaren. Zoals daar
beneden op straat aan de andere kant
van het water de vrouw voor het huis
de jongen nawuift die fluitend
richting de brug gaat, zondoorstoofde
rugzak over de schouder – dat

doen ze lijkt het al eeuwen zo
vanzelfsprekend als schaduw
zich hecht aan de gevel, regen
glans legt over de daken – zo
wil zij de man op het laken.

Theehuis Cruquius

Het huis naast het zijpad werd nog bewoond,
in de silo ruiste het leven, maar het was
een dag als vandaag: mei
in de lucht en de westenwindbomen,
halfschaduw op het terras. Misschien

zong de veerman ook toen voor het kind
een lijzig liedje van vroeger, terwijl jij
daar zat in je huidige tijd, vriend
onder vrienden, terwijl jij daar lachend
de zon in Het Spaarne zag

spatten. Ook vandaag
voegt het water zich vloeiend, haalt de wind
losjes een hand door het bloeien, zet hij
een hak in de rug van de roeier en ligt er
een allemansland aan de overkant. Zolang

het naaste huis niet wordt gesloopt
raken dag en uur hier ongemerkt
spoorloos. Straks staat klokslag

de veerman op, wenkt het kind,
maakt zich breed voor de afvaart.

Thetis' hiel

Zelfs goden, ze worden geboren
in hoofden, doven uit tot een mythe.

Zoals niemand de bron van de bron
kan duiden of later op zee kan vertellen: dit

is het water dat diep in de aarde, dát
wat hoog op de bergen stroomde, zo

stromen stervelingen en goden.

Van mijn oorsprong weet ik dus
niets, ik huwde de aarde, in mij

groeide een kind, viel
uit me ten slotte, en ik

murmelde: mormeltje mijn, ik
noem je, dompel je in onkwetsbaarheid.

Het lachte naar mij, hield me vast
bij de hiel toen het mamma zei.

Lichaam & co.

In meeuwen weegt die zwaarte niet, zij
vliegen doelbewust, hun dobberen zelfs
is vitaal – kop in de wind –
de luiheid van de kat krijgt
koninklijke zin zodra zij spint.

Een lijst aan 'nog te doen'. Begin
beveel ik, maar mijn lijf zeurt dat het
naar iets anders snakt, de krant
een wandeling omdat het hoofd
het hoofd – Hoe krijg ik

klaar wat achter horizon en dieper nog
verborgen is, hoe graaf ik mij zo in
dat wieg en kist, de zin van
helder wordt, hoe tem ik ooit
de dooie boel die in mij

woedt. Nee, in het krijsen
van de meeuwen klinkt die hinder niet.

Verjaardag

Je bent jarig vandaag en je bent het
niet meer. Hoe vieren we dat, hoort
bij een verjaardag die is verjaard
bijvoorbeeld nog taart; je bent toch
nog altijd geboren, geworden. Maar

met wie vieren we dat voortaan en
waar halen we blijde gezichten vandaan.

Bloemen krijg je natuurlijk, we schikken ze
voor je in vazen terwijl we over je
praten: toen, nu zou hij, hij zou – maar

ten slotte staan we daar dan met
lege handen en armen

Vertrekken

[1]

Ik moet de zolder, de kamers opruimen
heel die verzameling jaren bewaard
voor een later dat ik niet heb
kan nu weg. Maar houden

ligt grijnzend te wachten: scherven
die in een herinnering passen, slaap- en
rugzak met wat zand van vakanties
schaatsen – in de schoenen nog de afdruk

van voeten. In stoffige laden
kladblok, dagboek, schoolschrift
schoonschrift, ze zeuren te worden
gelezen, zacht ritselend liefst. Maar

het lastigst van al zijn de dozen met
vouwwerk, verhalen en tekeningen
van labyrinten, werelden
die verloren gingen.

[2]

Zijn kamer houdt vast wat ze heeft:
het uitzicht staat eender gefreesd
in de ramen, in de kast steunen de boeken
elkaar met rug naar de lezer gekeerd

die verdween. Het verweesde bureau
maakt zich droevig breed, in hem huist het
grote bewaren. Afblijven! schuiven de laden
stroef, hij leeft hier in handschriften, namen

en kaarten; hij vertrouwde ons
toe wat moet worden behouden, grote
en kleine lievelingen, geheime kennis
die er toe doet. Wij bevatten veel

meer dan dingen alleen
omdat alles zo af is.

[3]

Alleen wat niet meer hoort bij dit lijf
doe ik weg, is oude huid die van mij

af wil. Zoveel bewaard op elke
etage vanwege het hoofd waarin
al die tastbare zaken wel ergens bij

passen. Met bewaren zeg ik: dit
hoort bij me, jij, ik doe je niet weg
in die kleren bijvoorbeeld, je droeg ze, ik
borstel ze af, ik die het stof

nauwkeurig bewaak: daar mag je
niet liggen, lig maar op
ziellozer dingen.

Ansicht

Je bent er geweest. De glanzende foto
verbeeldt waarover je schreef: een wereld
zo weids dat ze vier zijden breed
van de kaart glijdt – zoals jij

uit het landschap verdween: wandelaar
die zomaar de horizon over
schreed. Het oord op de kaart is veelzeggend

alleen om hoe jij op de achterkant woord voor woord
naar ons omkeek. Maar je handschrift
verbleekt, het harde licht van de dag steelt
de nachtblauwe inkt van je pen. Alsof je

steeds stiller moet worden
gelezen; om te horen misschien
hoe je het voorleest.

Slaap

Als de slaap een vader zou zijn
die geruststelt, toedekt en fluistert:

ga hem maar wekken, sla de steen
bij zijn hoofd weg en zeg: het is

voorjaar, je moest maar eens
opstaan. Als jij dan je ogen zou

opslaan, gapend de aarde van je
zou kloppen, laat mij dan slapen, slaap
blijf me toedekken, toestoppen

Tegen het verdwijnen

Vandaag mosselen

Van wie de schaal gebroken is
doet niet meer mee, maar ook perfect
gesloten kan niet blijven, ik schoon
de zwart tot paarlemoeren huizen,
verzamel ze met hun bewoners.

Geen 'sesam open u' is nodig
wat vuur volstaat, breekt
de gespierde sloten. Ik kruid het blote
levenloze en zet het in een schaal

op tafel. Dat zoveel
zielen moesten gaan om één,
denk ik wanneer het deksel
wordt gelicht, was het niet

beter om een os, een ezel, desnoods
het vetgemeste kalf te nemen, was het
niet billijker één ziel
te offeren voor velen?

Hongerpotten

Ontstond in de keuken een ruzie die morgen?
Werd er grof met de potten gesmeten: als jij
ergens anders wilt eten, ga je je gang maar

daar! Of zijn ze uitgekookt buitengezet
om stof en honger te vreten of vredes
duiven te lokken: niks aan de hand zolang
de kok bij een ander vuur hokt. Holle

vaten op grassokken, wat moeten ze in die
puzzel van bomen en wolken; zelfs de wind
lijkt het fluiten verleerd en waar je ook
tuurt, wie weg is wordt niet gezien.

Bronzen stilte staat ze hier tot de lippen; o
laat hun buiken galmen als klokken, ransel
met pollepels, stokken, de duivelse
dood uit de potten!

Dame met hoed

Zij aan de andere kant van de tafel
draagt haar hoed als een wapen
waarmee ze de vingerafdruk van de jaren
elegant overschaduwt. Was ze een

woning, ze liet zich met wijnrank
en bloemen begroeien, groene klimop
die zomer en winter de vraat aan de voegen
verdoezelt, ze liet de haag

niet meer snoeien. Nu ze een vrouw is
bedekt ze met mode de dood in haar huid,
zet zich hoog op de hakken en trekt
met de rand van haar hoed de groeven

het zicht uit.

Matroesjka in de Arbat

Oud is ze en mijn moeder niet.
Geknield op straat, maar slordiger
en ziek bidt ze voor wat ze nog bezit. Ze heeft

geen man meer en haar zoon is
dood, schrik ik: hij had zijn moeder wel
voorzien van brood, een dochter

kreeg ze niet. Nu ligt ze hier en
schokt en snikt en buigt zich vuil
voor waar ze in gelooft: een prentje
dat van doen heeft met een kind, een kruis, een beter

thuis voor straks. Onder de vodden woont
de moeder die ze is, die koestert
wat ze niet bezit en daarin schuilt

het kind dat ze eens was, dat naar
de liefde van haar vader dingt; het wil
geknuffeld en op schoot. Dat mag

al binnenkort, dat zie je zo.

Kringloper

[1]

Langs de kant van de weg slingert de tijd
en roest en vermolmt. Hij

raapt hem op, een kromme secondewijzer
bijvoorbeeld, een vogelkooitje piepklein
of een balk met een oog dat vergaan zou

wanneer die bleef liggen. Thuis werpt hij
een ander licht op de dingen, maakt ze
tot wat ze nooit zijn geweest, geeft ze

een nieuwe verstilling: ijzervouwer,
houtmeter, herbouwer, verzamelaar
van de kleine verspilling.

[2]

Alsof hij nog een wereld moet bouwen
verzamelt hij hout, spijkers en bouten.

Alsof hij telkens besluit: later
maak ik een huis met laden waarin ik
verleden dagen bewaar die anderen

minachten en aan één wand hang ik
vergeten meesters, aan de andere wereld-
kaarten waar geen vlaggen op

wapperen. Hij zet het hout op de kopse
kant, streelt met een vaardige hand
langs de nerven terwijl hij fluit

of zijn deun van de dag
humt: ik ben zolang ik vergaar.

Tegen het verdwijnen

Voor Jo Peters

Volmaakt is alleen
die zich af heeft. Wie leeft
verzet zich, tikt bijvoorbeeld
een gedicht als een zoveelste anti
gericht tegen het af

geslotene. Wie nog
leeft of het gedrukt staat moet schrijven
dat woorden als eeuwig en nooit blijven
rollen tot ze kop of munt stil

liggen op het papier. Zolang je
praat tegen iemand is iemand, zolang
je blijft luisteren hoor je
met dovemansoren een zingend

kind op een grindpad
bijvoorbeeld, het zoekt de mooiste
steen, de meest witte en ronde en
hoeveel ruimte het om zich heeft
dat zie je dan blind.

Zijnstra BV

In de liefde kan alles. Je behangt
een boom verbeten met rozen
en zegt: op deze plek was het en
iedereen die hier passeert zal

dat weten. Of iemand beslist: dit dode
gewicht is niet meer te tillen, ik leg het
als steen aan de voet van de rots, maar
wandelt en ademt daarna

niet lichter. Het asfalt dat de rivier
overbrugt wijst omhoog, op de radio
zingt het van ach en o en op de vrachtwagen
voor mij staat onbeschaamd in het vuil

van de dagen: 'Nu je er niet meer bent
ben je dichterbij dan ooit'. Precies zo. Wie
had het lef om met één vinger in stof de weg
voor het trouwste vrij te maken? Straks

kantelt de brug, zet de rij zich gehoorzaam
opnieuw in beweging, ga ik voorbij
aan het zuiveringsslib van Zijnstra BV en
een liefdeverklaring in modder geschreven.

De kunst van het dragen

*

Ik zit in de kilte van steen.
Wit zijn de muren bedoeld, maar ze
breken; andere levens krioelen
erover, erdoorheen.

Op mijn schoot je marmeren lichaam.
Houd je ogen niet zo gesloten
wil ik je vragen, lach naar je moeder
sta op, wees wat lichter.

Nee.
Altijd zal ik je dragen.

De kunst van het dragen

We waren op tijd voor de intocht.
Muziek droeg de stoet en we hoorden
wat muziek doet met een nauwe straat
en een hart dat te ruim zit – Acht

droegen zijn beeld op een baar. Dat het de kunst is
goed te dragen, een ritme te vinden samen balans
te bewaren zagen we daar; het moet een soort
wiegen zijn dat de angst voor het laatste

verdrijft. In beweging blijven
desnoods pas op de plaats.

*

Ze droeg het kind

en bolde ervan tot ze het
stralend – wie doet me nog wat –
op de arm droeg. Ze suste

en streelde het zoet, waarschuwde
dat de messen geslepen, leerde het palmtak
en ezel te lezen, mag en moet; het leerde

de soepele draagkracht van voeten.

*

Ze trokken in rijen de straten door. Het lijf
verhuld door een pij, gezicht verborgen
achter een lap, kap als een torenspits
op het hoofd liep elk zijn heilige

maskerade. We zagen hoe lastig het is
het hoofd zo te dragen dat het masker
niet valt en het zicht op de wereld

intact blijft, terwijl men enkel je voeten
herkent: wat je bent ligt in de orde
van kleur, een flard wit, rood of zwart.

*

Hij gooide het kind in de lucht

ving het op. Zijn arm was een wieg
als het moest, zijn hand een voorzichtige
deken. Hij droeg het trede

voor trede omhoog, vertelde
de waarheid van lieg en loog, dat de wolf
zijn tanden verbergt, mens erger, hoe
de kaarten, de liefde te plooien; het leerde

vangen en gooien.

*

Alle Maria's stonden bijeen, ook
andere vrouwen sloten zich aan. Ze droegen

onwennig hun deel: een hart, anker, zalfpot,
graan, een aureool op een mantel gespeld of
iets dat een koninklijk lijden voorstelt.

Hij werd verbeeld, want hij droeg
een gewicht dat te zwaar voor het lijf is
om te worden gedragen. Angstig

leek hij te vragen: waarom
wat doe ik hier op die wagen.

*

Ze sloeg een arm

om hem heen: broertje,
zei ze, kom maar ik sleep je desnoods
weer naar huis. Ze droeg

met zich mee wat hij haar
vast vertelde voor later, beloofde
en lachte een dag aan elkaar, danste
met hem, kamde zijn haar. Ze hielp

hem op handen te dragen.

*

We vroegen hoe laat komt de dood
voorbij en ze zeiden we weten het niet,

alles is voorbestemd nu en hier
dus we weten het niet. Waarom

is het zo stil verbaasden we ons, zelfs
de klokken slaan hun notie van tijd niet.

Alle uur zonder waarheid
is stilgezet, zeiden zij.

*

Ze liepen met kaarsen de berg op
en zongen daarbij een muziek die klonk
als klagen dat door het licht omhoog

werd gedragen. Hem droegen ze
levend en dood, de moeder droegen ze
ook, maar die wankelde zo alsof de dragers

er de brui aan gaven. Die er waren
sloten zich aan bij de stoet: een schare donker

en licht die zingend of zwijgend
bleef klimmen en dalen.

*

Hoe draag je een kind naar zijn laatste. Acht

heb je er nodig, zijn vrienden met liefde
en lef genoeg om hun schouders
eronder te zetten. Ze hebben veel

meer te dragen dan het gewicht van het hout
en het lichaam erin, ze moeten
wegdragen. Hoe ze dat doen, hoe dat moet?

Zwijgend. Voet voor voet.

Aantekeningen

Het beeld van 'De man met het rechterbeen voorwaarts' bevindt zich in het Egyptisch museum in Cairo.

'Runensteen van Jellinge', eerder verschenen in *Water en Vuur III*, is geschreven bij de kopie op het Domplein in Utrecht van de beroemde runensteen die Harald, koning van Denemarken, in 980 liet plaatsen te Jellinge, ter nagedachtenis aan zijn vader en moeder.

'Hongerpotten' werd geschreven voor *Water en Vuur IV* bij het beeld *Dansende Spijspotten* van Bas Maters in Wageningen.

De Arbat (pag. 50) is een oude, beroemde straat in Moskou.

Een aantal gedichten is, soms in een iets andere vorm, gepubliceerd in literaire tijdschriften en in de bibliofiele uitgave *Lichtjaren*, die is verschenen als relatiegeschenk voor zet- en productiebedrijf Perfect Service.

De reeks 'De kunst van het dragen' schreef ik in Callosa D'en Sarriá, Spanje, tijdens de Semana Santa 2004. Hiervoor ontving ik een reisbeurs van het Fonds voor de Letteren.

Colofon

De buigzaamheid van steen van Hester Knibbe werd in 2005 in opdracht van Uitgeverij De Arbeiderspers volgens ontwerp van Steven van der Gaauw gezet uit de DTL-Albertina en gedrukt door Drukkerij Giethoorn Ten Brink te Meppel op 90 grams houtvrij romandruk.